POSTMODERN VALLADOLID

VALLADOLID POSMODERNA

POSTMODERN VALLADOLID

VALLADOLID POSMODERNA

by

Raúl Casamadrid

Bilingual edition

Translated from Spanish and edited

by

Arthur Gatti
and
Roberto Mendoza Ayala

Prologue by Juan Urueta

Cover design by Constanza Casamadrid
Back cover photograph by Manuel Zavala

DARK LIGHT PUBLISHING
NEW YORK • MÉXICO

2017

Copyright © 2017 by Raúl Casamadrid

All rights reserved. This book or any portion thereof may not be reproduced or used in any manner whatsoever without the express written permission of the publisher except for the use of brief quotations in a book review or scholarly journal.

First printing: 2017

ISBN: 978-0-9982355-1-6

Designed and typeset in New York City by:

Darklight Publishing LLC
8 The Green Suite 5280
Dover, DE 19901

Contents

Prologue..13

Mexican superstitions

The eclipse..22
The mask 24
The random..26
The funeral 28
The ritual 30

Reason enough

Sentimental education 34
Codes..36
Set logic..38
Equation..40

How beautiful is my land

Underground...44
Silent..46
Picture..48
Iguanas...50

Rabid ocelot

A feline reaches the river.......................................54
Jet lag..56
Ensemble 58
Opera lab 62

The circus I lost

Day 66
Saturday 68
Sunday 70
Weekend 72

A kiss over nopal and roses

You 76
Scarecrow 78
Sweet ice cream on the skin 80
Mexican crush 82
Infatuation 84

Sea and sand

Portrait 88
Santa Cruz 90
Sentimental elegance 92
Armor 94
Zipolite 96

Apocalypstick

Metal 100
Ayotzinapa 102
Free 104
Rack 106
Immoral walk 108

Deep waves and farewell

The singing of the sirens 112
Arcane 19 114
Tarot 116
Friendly fire 118
I Ching 120

The tallest tower

Acopilco 124
Postcard 126
Cane paste 128
A short way off 130

Epilogue

Postmodern Valladolid 134
Morelia 136

About the author 138

Índice

Prólogo 15

Supersticiones mexicanas

El eclipse 23
La máscara..25
El azar...27
La velación 29
El ritual...31

Razón suficiente

Educación sentimental..35
Códigos...37
Lógica de conjuntos..39
Ecuación 41

Qué bonita es mi tierra

Underground 45
Silente...47
Picture 49
Iguanas..51

Ocelote rabioso

Un felino alcanza el río 55
Jet lag 57
Ensamble 59
Ópera lab 63

El circo que perdí

Día 67
Sábado 69
Domingo 71
Fin de semana 73

Beso sobre nopal y rosas

Usted 77
Muñeco de paja 79
Helado dulce en la piel 81
Mexican crush 83
Infatuation 85

Mar y arena

Retrato 89
Santa Cruz 91
Sentimental elegance 93
Coraza 95
Zipolite 97

Apocalypstick

Metal 101
Ayotzinapa 103
Free 105
Rack 107
Paseo inmoral 109

Hondas olas y adiós

El canto de la sirena 113
Arcano 19 115
Tarot 117
Friendly fire 119
I Ching 121

La más alta torre

Acopilco 125
Postal 127
Pasta de caña 129
A short way off 131

Epílogo

Valladolid posmoderna 135
Morelia 137

Acerca del autor 139

Prologue

It is a risk—and possibly even a foolishness—to make specific comments about the profusion that exists in a book of poems. Everything changes. The poem says it all. To say something about it is to fall short. Anyway, this brief prologue may be useful to shed a little light on the author and, if possible, to elicit an enthusiastic reading by whoever opens this book.

The attribute of the misfit is to live out of time and against the current; Raúl Casamadrid insists on exercising such a strange way of life. He has stood against the habits of his time (hedonism, the unbridled desire to be right, the urgency of innovation, the vulgar stolidity). He walks cautiously, slowly, by streets that are re-invented instances of memory, along avenues that become circular prisons; Raúl composes among alleys, empty lots, withered colonial portals, small squares, cemeteries, fountains, hotel rooms, bridges, walls that have seen executions and misery, hidden gardens and sewers. Everything can relate to everything in his city.

A cartography of nostalgia defines the direction of his steps. There is something that Raúl does not have. He's missed something. Such conjecture explains his indefatigable wandering. What he has lost is something veiled for now. The only sure thing is the tragic determination that he has undertaken by himself. Faced with insurmountable human destiny (that achieves little and apprehends little), Raúl Casamadrid has roamed through it with the only matter available to him: fallible and rigid language.

There is sadness and boldness, relaxation and cleverness in his voice, as well as an extraordinary mania—led into vice—to say things in his own way. His verses do not want and do not pretend to be anything more. They do not condescend for, nor profess any specific aesthetic. Raúl composes at his own pace, standing. He refuses to be the demiurge poet, the architect, the little god who ruminates about boring immortality. He has chosen to be the man of the street who writes poems that are not the luxury object of the bourgeois but, as the anti-poet says, they are "a product of prime necessity."

The serious experience of being a man resounds in the words of Raúl Casamadrid, and yet above them all he remains as a simple human being, with his humors, his fears, his nostalgia, his obsessions and his few though luminous victories. *Postmodern Valladolid*, a paradoxical foundation full of dizziness, of shuddering poetry, is his testimony.

Juan Urueta
Morelia, August 1st, 2017.

Prólogo

Es un riesgo —y posiblemente también una necedad— hacer comentarios específicos sobre la profusión que existe en un volumen de poemas. Todo cambia. El poema dice todo. Decir algo sobre éste es quedarse corto. Sirva este breve prólogo para arrojar un poco luz sobre el autor y, de ser posible, provocar una lectura entusiasta en quien sostiene este libro.

Atributo de los inadaptados es vivir a destiempo y contracorriente; Raúl Casamadrid insiste en ejercer tan extraña forma de vida. Se ha revelado en contra de los hábitos de su tiempo (el hedonismo, el afán desmedido por tener la razón, la urgencia de innovación, la vulgar displicencia). Camina cauteloso, lento, por calles que son instantes reinventados por la memoria, por avenidas que devienen en prisiones circulares; entre callejones, baldíos, mustios portales coloniales, plazuelas, cementerios, surtidores, cuartos de hotel, puentes, muros que han visto ejecuciones y desdicha, jardines ocultos, cloacas, Raúl compone. Todo puede llevar a todo en su ciudad.

Una cartografía de la nostalgia define el rumbo de sus pasos. Hay algo que Raúl no tiene. Algo le falta. Tal conjetura explica su infatigable errar. Qué perdió es algo por ahora velado. Lo único seguro es la trágica empresa que se ha propuesto. De frente al infranqueable destino humano (que puede poco, que poco aprehende), Raúl Casamadrid ha decidido recorrerlo con la única materia de que dispone: el falible y rígido lenguaje.

Hay en su voz tristeza y arrojo, relajo, astucia y también una extraordinaria manía —llevada hasta el vicio— por decir las cosas a su manera. Sus versos no quieren ni pueden ser algo más. No condescienden con empresa alguna ni profesan una sola estética. Raúl compone a su ritmo y de pie. Rehúsa ser el poeta demiurgo, el arquitecto, el dios pequeño que rumia la aburrida inmortalidad. Ha elegido ser un ciudadano de a pie que escribe poemas, que no son el objeto de lujo de un burgués sino, como dice el antipoeta, "un artículo de primera necesidad".

Resuena en las palabras de Raúl Casamadrid la grave experiencia de haber sido un hombre y, no obstante, él es sobre todo un sencillo ser humano, con sus humores, con sus miedos, con su nostalgia, sus obsesiones y sus contadas aunque luminosas victorias. *Valladolid posmoderna*, fundación paradójica colmada de vértigos, estremecimientos y poesía, es testimonio.

JUAN URUETA
Morelia, 01 de agosto de 2017.

POSTMODERN VALLADOLID

*To Alicia,
my radiant sun*

VALLADOLID POSMODERNA

*Para Alicia,
mi sol radiante*

Morning rises the river's long hair
After the fog the night
The sky the eyes
They look upon me the eyes the sky

EMILIO ADOLFO WESTPHALEN
Another Despicable Image...

We lie more than necessary
because of a lack of fantasy:
truth is invented, too.

ANTONIO MACHADO
Proverbs and Songs

La mañana alza el río la cabellera
Después la niebla la noche
El cielo los ojos
Me miran los ojos el cielo

EMILIO ADOLFO WESTPHALEN
Otra imagen deleznable...

Se miente más de la cuenta
por falta de fantasía:
también la verdad se inventa.

ANTONIO MACHADO
Proverbios y cantares

MEXICAN SUPERSTITIONS

SUPERSTICIONES MEXICANAS

Raúl Casamadrid

THE ECLIPSE

Now that you live on another planet
I call you for everything I love the most:
sweet ladybugs with orange wings,
fleeting fireflies, flying hummingbirds;

entomologists before scars
of stings and feverish dreams;
sheets among blue ants
huddled under your hair.

Now when you do not enlighten the city
and there's no faith, no hope, nor affinity,
and you turn habits into witchcraft and dancing,

and you are covered by subway travelers,
and embellish mirrors, and you laugh and sing,
and pass by the Angel, and you steal his wings.

EL ECLIPSE

Ahora que vives en otro planeta
te llamo por todo cuánto más quiero:
catarinas dulces con alas naranjas,
luciérnagas fugaces, colibríes en vuelo;

entomólogas ante cicatrices
de piquetes y febriles sueños;
sábanas entre hormigas azules
que se acurrucan bajo tus cabellos.

Ahora, cuando no brindas luz a la ciudad
y no hay fe, ni esperanza, ni afinidad,
y tornas hábitos en maleficios, y danzas,

y estás cubierta por metronautas,
y adornas espejos, y ríes, y cantas,
y pasas junto al Ángel, y le robas las alas.

THE MASK

In the void of an abysmal night
rings the phone that doesn't ring,
I am not, I do not answer; it is the storm,
the Lent, the carnival masks.

Sweet butterflies and masked parrots
under the fold of a flowing bed;
the sheets in which the brutal freon
rests and dilutes the air conditioning.

Uruapan, I agree with you in the *déjà-vu*
that involves sinking there, in your memories
of music, stories, bands and ashtrays.

Surrendered to your scent of flowers and songbooks
I'm trying to write a haiku in trance.
I look for you on the bridge that leads to C.U.

LA MÁSCARA

En el vacío de una noche abismal
suena el teléfono que no suena,
no estoy ni contesto; está la tormenta,
la cuaresma, las máscaras del carnaval.

Mariposas dulces y loros embozados
bajo el doblez de una cama que fluye;
sábanas en que reposa y diluye
el brutal freón al aire acondicionado.

Uruapan, coincido contigo en el *déjà-vu*
que implica hundirse ahí en tu recuerdo
de música, cuentos, bandas y ceniceros.

Por tu aroma de flores y cancioneros
intento escribir en trance un haikú.
Te busco en el puente que lleva a C.U.

THE RANDOM

I want to write and a padlock appears,
made of hard steel, locks and iron.
A fateful comet cross the sky;
you wake up between hugs and birds in heat.

You're watched by a cat looking for your shelter:
he jumps in the forest, jumps in the mountains,
drags his mustache on the face of the earth
and feeds himself in the light of your navel.

An ax is reflected in the glass.
A buzzard kisses my eyes,
he dances, he feels the insubstantial remains;

he hides, grim-faced, his crooked figure.
He bites my beak, and that turns against him.
I look at your wounded and red lips.

EL AZAR

Quiero escribir y aparece un candado
recio de acero, cerraduras y fierro.
Atraviesa al cielo un cometa aciago;
amaneces entre abrazos y pájaros en celo.

Te vela un gato que busca tu abrigo:
brinca en el monte, salta en la sierra,
arrastra el bigote en la faz de la tierra
y se alimenta a la luz de tu ombligo.

En la vidriera se refleja un hacha.
Un zopilote me besa los ojos,
danza, presiente ralos despojos;

esconde, torvo, su figura gacha.
Muerde mi pico y se le retacha.
Miro tus labios heridos y rojos.

Raúl Casamadrid

THE FUNERAL

A hard grave and integral love;
bread with little brown sugar bones,
barefoot girls, altars, dinners
and candles blown out by a cruel gale...

I throw myself at your feet, I run the wasteland;
you tell me "goodbye" crying out of pity
among flowers and ripe pumpkins,
baskets with candies, dolls, copal...

The girls offer their bread to the dead
with scissored paper and a thousand pennants.
Perhaps the big fairs with other actors

covered by flowers in different worlds
with better luck and among ruined loves,
shall give to your lips a better recipient.

LA VELACIÓN

Sepultura dura y amor integral;
pan con huesitos de azúcar morena,
descalzas niñas, altares, cenas
y cirios que apaga un cruel vendaval...

Me arrojo a tus pies, recorro el erial;
me dices "adiós" llorando de pena
entre flores y calabazas buenas,
cestas con dulces, muñecas, copal…

Las niñas ofrendan su pan a la muerte
con papel picado y mil banderines.
Quizás magnas ferias con otros actores

en distintos mundos cubiertos por flores,
con mayor suerte y entre amores ruines
a tus labios obsequien mejor recipiente.

THE RITUAL

The broken logic of your presence
cracked my fountain when you left.
They have no remedy—without light—the science
nor the dark words you said.

I treasure everything that shone before
—but not everything that glitters is gold—
stardust is an addictive bad habit
if you are locked up and it slips through the door hinges.

From my dreams, overhead, sprout Archangels levitating
and parrots, reverberating violins, steeds and choirs.
In the yard, a cat tries to climb up your coat;

he requests—in his language— ten minutes with you.
It's daybreak; you put out the candles. The party ends.
And you listen to the distant, rhythmic music of the orchestra.

EL RITUAL

La lógica rota de tu presencia
quebró mi fuente cuando partiste.
No tienen remedio —sin luz— la ciencia
ni las palabras oscuras que dijiste.

Todo cuanto brilló antes atesoro
—más no todo lo que relumbra es oro—;
el polvo de estrellas resulta adictivo vicio
 si estás encerrada y se cuela por el quicio.

De mis sueños brotan arcángeles que levitan y loros;
por lo alto, reverberan violines, corceles y coros.
En el patio, un gato intenta trepar a tu abrigo;

solicita —en su idioma— diez minutos contigo.
Amanece; tú apagas las velas. Termina la fiesta.
Y escuchas, lejana, la música rítmica de orquesta.

REASON ENOUGH

RAZÓN SUFICIENTE

SENTIMENTAL EDUCATION

All that was before is now.
And today's morning is nostalgia
from the past. Like looking to the France
of suicidal *art nouveau*, challenging.

I was there, on London Street,
lost in love with Marie Antoinette,
as a fragile puppet,
without a platform, without colors.

And all of my sentimental education
was a film in the cinema afternoons
of modern halls in colonia

Roma. I projected on your vegetal skirt
new images where I agreed
to pay the admission and wait for the dawn.

EDUCACIÓN SENTIMENTAL

Todo cuanto fue antes es ahora.
Y la mañana de hoy es nostalgia
del pasado. Como mirar la Francia
del *art nouveau* suicida, retadora.

Estuve allí, en la calle de Londres
enamorado de María Antonieta
perdidamente, como marioneta
frágil, sin un tinglado, sin colores.

Y toda mi educación sentimental
fue fílmica en las tardes de cine
de salas modernas de la colonia

Roma. Proyecté en tu falda vegetal
imágenes nuevas donde convine
cubrir la entrada y esperar la aurora.

CODES

It dances, spins, an unexpected bird
runs on the wave like a kiss.
It slides, flies, sings in its rapture
while it watches its reflection, alone.

I order a mezcal, a glass, and the jukebox
is livened up with your music and one peso:
I feel your words there like a prayer
and I dream that you buy me another song.

But the proclaiming souls —arrogant—
exhibit you as frivolous and distant.
They do not know that the potter hands

that molded your waist and your hips
did it to make you more gallant
and to give vent to my chimeras.

CÓDIGOS

Baila, danza, corre sobre la ola
un ave inesperada como un beso.
Desliza, vuela, canta en su embeleso
mientras observa su reflejo, sola.

Pido un mezcal, un vaso y la rockola
se aviva con tu música y un peso:
ahí siento tus palabras como un rezo
y sueño que me invitas otra rola.

Pero almas pregoneras —petulantes—
te exhiben como frívola y distante.
No saben que las manos alfareras

que forjaron tu cintura y tus caderas
lo hicieron para hacerte más galante
y darle rienda suelta a mis quimeras.

Raúl Casamadrid

SET LOGIC

Emptiness and vice savor the face
of all evil; et cetera, et cetera.
And the winter inversion—which is petrified magma—
burns, blazes, ignites the August forests.

My memory in front of the sea suffers
figures and sand dolls
and *boleros* where the soul is in pain
between hammocks, palm trees and fish.

Today I see you walking in an impeccable world
while I walk with my head down
between a dry martini and a mezcal without salt.

Everything that life said I did wrong
died later, as the years went by;
without care, without love and among strangers.

LÓGICA DE CONJUNTOS

Vacío y vicio paladean al rostro
de todo el mal; etcétera, etcétera.
Y la inversión invernal —que es magma pétrea—
arde, quema, incendia los bosques de agosto.

Mi recuerdo frente al mar adolece
de figuras y muñecos de arena
y de boleros donde el alma pena
entre hamacas, palmeras y peces.

Hoy te veo andar en un mundo sin tacha
mientras camino con la cabeza gacha
entre un mezcal y un *dry martini* sin sal.

Todo cuánto la vida dijo que hacía mal
murió luego, ante el paso de los años;
sin querer, sin amor y entre extraños.

EQUATION

I dream that I rise between steps
and I sprout where the water springs.
I do not grasp another human figure
but, instead, the date of your birthday.

Your voice, dazzling and fascinating light,
anticipates the very mine that is yours, and lends
to the first violin rhythmic orchestral notes.
The hangover levels castles of plasticine,

Ingenious dishonoring of exploits,
symphonies of lies, warm prostitutes.
The tide breaks, falling in the reefs;

a surfer slides off and ties his scars.
Two stars bind me to your face in the morning,
then I count, slowly, every lighthouse in your eyelashes.

ECUACIÓN

Sueño que me elevo entre peldaños
y broto por donde el agua mana.
No capto otra figura humana
sino la fecha de tu cumpleaños.

Tu voz, esa luz que alucina y fascina,
prefigura muy mío lo tuyo y le presta
al violín primero rítmicas notas de orquesta.
La resaca arrasa castillos de plastilina,

deshonorabuenas inventrices de hazañas,
sinfonías de mentiras, tibias meretrices.
Cae la marea que rompe en los arrecifes;

un *surfer* resbala y amarra sus cicatrices.
Dos luceros me ciñen a tu rostro por la mañana
y cuento, lentamente, cada faro en tus pestañas.

HOW BEAUTIFUL IS MY LAND

QUÉ BONITA ES MI TIERRA

UNDERGROUND

I fondle your words that rebuild my gentle homeland.
Easy prey of nervousness, my mind bites its tongue.
I feel in the distance your barefoot voice; my soul rejoices.
I decipher you absent while raising a prayer to heaven.

Flickering between Real del Monte and the Rio Grande, centenary,
—on the river bank where crazy dreams play and hesitate—
there is a blind light under the tunnel's mine shaft; it asks me
to reach the winch where you are the operator.

You are wrapped in a flag that does not cover your hair.
In my delirium I am the cable that hangs from a hook:
the piñata, the holiday gift, the straw basket full of peanuts.

I search among obscure passages and I find the echo of my breath;
I feel you: you turn on shaking lights, bring out sparks, I see a flash,
shards, sweet canes, *tejocotes*, your voice and the aroma of chocolate.

UNDERGROUND

Paladeo tus palabras que reconstruyen mi suave patria.
Presa frágil del nerviosismo mi mente se muerde su lengua.
Presiento descalza, a lo lejos, tu voz; mi alma se alegra.
Te descifro ausente mientras elevo al cielo una plegaria.

Parpadea entre Real del Monte y el río Bravo, centenaria
—sobre la margen donde dubitan sueños locos que juegan—,
una luz ciega bajo el tiro del túnel minero; me ruega
que alcance al malacate en donde tú eres la operaria.

Estás envuelta en una bandera que no te cubre el cabello.
En mi delirio soy el cable que pende de un alicate:
la piñata, el aguinaldo, la canasta de paja llena de cacahuates.

Busco entre obscuros subterráneos y hallo el eco de mi resuello;
te adivino: prendes luces, todo vibra, sacas chispas, veo un destello,
tepalcates, cañas dulces, tejocotes, tu voz y el aroma a chocolate.

SILENT

Without finding myself, I find far away and miss
the bread, the light, this year and your lips. You are
the *ahuehuete* tree's primitive force
which conjures up snowy moons and flocks.

I'm trapped, lost. I blur
the light of my dreams with the smoke of skyrockets
and troubled crazy friends
who demand music, hotels and a bathroom.

On the fly, I create debts myself to the rhythm
of pairs, thirds, queens, aces and a blackjack
look, where cynicism nests.

Your June moon invokes the muses of Rock
and evokes their world of absurd nihilism.
Outside, in the street, tourists have disappeared.

SILENTE

Sin hallarme, encuentro lejos y extraño
el pan, la luz, este año y tus labios. Eres
la fuerza primitiva de ahuehuetes
que conjura níveas lunas y rebaños.

Estoy apresado, perdido. Empaño
la luz de mis sueños con humo de *cuetes*
y amigos orates metidos en bretes
que exigen música, hoteles y un baño.

Al vuelo, creo deudas conmigo al ritmo
de pares, tercias, reinas, ases y un *look*
de *blackjack* donde anida el cinismo.

Invoca tu luna de junio a las musas del rock
y evoca a su mundo de absurdo nihilismo.
Afuera, en la calle, se esfumó el turismo.

PICTURE

I open my eyes and look at your picture;
it diverts my paradigmatic axis.
I close, lower my eyelids and listen to
the ringing of bells and melodies...

Anxious, I write on the wall: *to love madly*.
I see the Cathedral towers; I decide to pray.
A sugar-winged butterfly appears,
it has cinnamon flavor and orange blossom scent...

I spray silvered graffiti; I learn to dance rumba.
You look at me from afar as a ghost virgin.
I hear your voice on the fly; you kidnap my soul.

I get lost in your hair without finding the way;
you taste like melon, watermelon, fruit cocktail.
I am flooded by the cartography of your selfie that talks.

PICTURE

Abro los ojos y miro tu fotografía;
el eje paradigmático se me desvía.
Cierro, bajo los párpados y escucho
el tañer de campanas y melodías...

Ansioso, pinto en el muro: *locamente amar*.
Veo las torres de Catedral; decido rezar.
Aparece una mariposa con alas de azúcar
sabor a canela y aroma de azahar...

Esparzo grafitis plateados; aprendo rumba.
Me miras de lejos como virgen fantasma.
Escucho tu voz al vuelo; secuestras mi alma.

Me pierdo en tu cabellera sin hallar la ruta;
sabes a melón, a sandía, a cóctel de frutas.
Me inunda la cartografía de tu *selfie*, que habla.

Raúl Casamadrid

IGUANAS

Thank you!... I read you while I eat Chinese
and they make it pleasant: the stoic candles,
the King Crimson symphonic lights,
shrimp and rice in the kitchen.

I could have died for you in a tub,
accelerated by euphoric crystals,
heroic solos of Amy Winehouse
and, on the telephone, your clear and thin voice.

I search for your breath all over Paris
—in its streets—to let you find me again
under the gray downpour and next to the portals.

There, where the wind tunes my tenor sax,
over the bridge (at the funeral of your dildo),
at the foot of Notre Dame; without sex and without love.

IGUANAS

¡Mil gracias!... Te leo comiendo china
y amenizan: las velas estoicas,
luces de King Crimson sinfónicas,
camarones y arroz en la cocina.

Pude haber muerto por ti en una tina
acelerado entre cristales eufóricos,
requintos de Amy Winehouse heroicos
y, al teléfono, tu voz diáfana y fina.

Rebusco por todo París —en sus calles—
tu aliento y que de nuevo me halles
bajo el gris aguacero y junto a los portales.

Ahí, donde el viento afina mi saxo tenor,
sobre el puente (en el funeral de tu vibrador),
al pie de Notre Dame; sin sexo y sin amor.

RABID OCELOT

OCELOTE RABIOSO

A FELINE REACHES THE RIVER

You know: I choke, I die, I'm born and I breathe
while the imperfect dawn is enchanted;
although I run and flee, you inject in my arm
the crazy essence of light that pours out the summer.

I pray, sing, and grow in the ford of the river;
above, the black moon rises, projects
an image that floats, overwhelms, affects
my blank mind, with no dreams...What do I look at?

The pendulum of your wake that oscillates towards the solstice?
My breath on your back? Your nubile sacrifice?
Galaxies and thousands of new stars exploding?

Words; promises above the mist that complain
of the new absences and the cruel curse
of the abyssal hollow that your lips do not seal.

UN FELINO ALCANZA EL RÍO

Lo sabes: me ahogo, muero, nazco y respiro
mientras se arroba la madrugada imperfecta;
aunque corro y escapo en mi brazo inyectas
la esencia loca de luz que escancia el estío.

Rezo, canto y crezco en el vado del río;
arriba, la luna negra surge, proyecta
una imagen que flota, agobia, afecta
mi mente en blanco, sin sueños… ¿Qué miro?

¿El péndulo de tu estela que oscila hacia el solsticio?
¿Mi aliento sobre tu espalda? ¿Tu núbil sacrificio?
¿Galaxias y miles de estrellas nuevas que estallan?

Palabras; promesas que encima del vaho querellan
flamantes ausencias y el cruel maleficio
del hueco abismal que tus labios no sellan.

Raúl Casamadrid

JET LAG

I have just come from very, very far;
from where they say there is no tuning in.
From where the dead lost their bones,
close, very close to the *Palacio de Minería*.

I was ascribed to noble brotherhoods
that reread sacrosanct books;
pious, full of humor, mischiefs
and the sweet warmth of fleeces.

My eyes stared at the sun and got blind
as if both of them could reach to him
and overthrow to the snowy light of the rainbow

the voluptuousness in which we were newcomers.
Then I felt the wingless bird that dies;
before, long before, reaching the sky.

JET LAG

Acabo de llegar de muy, muy lejos;
de donde dicen que no hay sintonía.
Donde extraviaron sus huesos los muertos
cerca, bien cerca, del Palacio de Minería.

Anduve adscrito a nobles capillas
que releían sacrosantos libros;
píos, llenos de humor, de pillerías
y del dulce calor de los vellocinos.

Mis ojos miraron al sol y enceguecieron
como si ambos pudieran alcanzarle
y al arcoiris de su nívea luz tumbarle

la voluptuosidad en que éramos legos.
Luego, presentí al ave áptera que muere;
antes, mucho antes, de alcanzar el cielo.

ENSEMBLE

Your fairy essence and your room with flowers and wrecked dolls invoke

a hippie life, perhaps in other spheres or in your genes of didactic parents.

You throw pollen on proud afternoons and party nights with galactic stars

while Las Rosas and the Conservatory surf your self-propelled aerial wings.

You go to events at Lake Pátzcuaro wrapped in velvet skirts

and you cross the filters of Santa María with northern chauffeurs and practical reasons.

Covered with gifts, mariachis and flowers, you decipher tantric messages in them

and listen smilingly to the trains of Kansas, without rails or brakes, happy and straddling.

You filled with honey and aurora lights the rhythmic images that you uploaded to me;

prolific coffers with the new arcane and photos of actors drawn over design.

The Kimberly-Clark chimneys filtered the smoke that tarnished my dreams

ENSAMBLE

Invoca tu esencia de hada y tu cuarto con flores y muñecas destartaladas

una vida *hippie*, quizá en otras esferas o en tus genes de padres didácticos.

Extremas polen en tardes enhiestas y noches de fiesta con astros galácticos

mientras surcan Las Rosas y el Conservatorio tus alas aéreas autopropulsadas.

Acudes a eventos al lago de Pátzcuaro envuelta en faldas aterciopeladas

y recorres los filtros de Santa María con choferes norteños y fines prácticos.

Cubierta de obsequios, mariachis y flores descifras en ellos mensajes tántricos

y escuchas risueña los trenes de Kansas, sin rieles ni frenos, feliz y a horcajadas.

Llenaste con miel y luces de aurora imágenes rítmicas que hasta mí subiste;

arcones fecundos con arcanos nuevos y fotos de actores trazadas sobre diseño.

Las chimeneas de la Kimberly-Clark filtraron el humo que empañó mis sueños

and your clothing lying on the hotel bed was a faithful witness
to the flattering role.

The hammock spreads your voice through Guayangareo Valley;
and the echo in which you rock yourself

is fleeing in the rain of June on the pink quarry of the Portals
that you did not evade.

y tu ropa tendida en la cama de hotel fue testigo fiel del papel halagüeño.

La hamaca esparce tu voz por el valle de Guayangareo; y el eco en que te meciste

se fuga en la lluvia de junio sobre la cantera rosa de los Portales que no evadiste.

Raúl Casamadrid

OPERA LAB

My left arm operates and says it loves you.
Surgically, the right one falls in love.
No one knows your scent is anesthesia
and it explains more the ether than my amnesia.

A photogram shutters the morning
and takes the sunsets simmering;
I hope to be lucky enough to be in the program
that announces what you were and what you are.

A brunette wind spreads the pleasures
you plunged into the cold laboratory;
The crops went to hell

and your incense is dangling.
God always gives us a downpour.
I come home, I pray and sleep on the floor.

ÓPERA LAB

Opera mi brazo izq. y dice que te adora.
Quirúrgicamente, el derecho se enamora.
Nadie sabe que tu aroma es anestesia
y explica más al éter que mi amnesia.

Obtura la mañana un fotograma
y cubre a fuego lento atardeceres;
espero entrar con suerte en el programa
que anuncia lo que fuiste y lo que eres.

Esparce un viento bruno los placeres
que hundiste en el frío laboratorio;
se fueron los cultivos al demonio

y tu incienso, prendido de alfileres.
Siempre Dios nos obsequia un aguacero.
Llego a casa, rezo y duermo en el suelo.

THE CIRCUS I LOST

EL CIRCO QUE PERDÍ

DAY

The sun is a sphinx that plays jazz;
the night, the dark moon of the table-dance;
its temperance scents the roof
and the madman goes up to smoke without being seen.

Your hand is the wheel of fortune
that points to the world that turns so many times;
and death, cornered, penetrating,
is swaying the hung man next to the temple.

In the tower the priestess she-wolf
dwells and officiates over the rites of the lover.
Hanging from a spotlight the moon is lit

while you kiss the shapeless cross of the hung man.
Then I listen to your steps in the sewer;
you ascend with no hurry in each step, to the cradle.

DÍA

El sol es una esfinge que toca jazz;
la noche, la luna oscura del *table-dance*;
su templanza aroma la azotea
y sube el loco a fumar sin que le vean.

Tu mano es la rueda de la fortuna
que apunta al mundo que da tantas vueltas;
y la muerte, esquinada, penetrante,
al colgado junto al templo balancea.

En la torre la sacerdotisa lobuna
mora y oficia los ritos del enamorado.
Suspendida de un foco se prende la luna

mientras besas la cruz informe del ahorcado.
Escucho, luego, tus pasos en el alcantarillado;
subes sin prisa, cada peldaño, hasta la cuna.

SATURDAY

Hangover Saturdays, quickly
they take me to the holy day
where the cloak of stark reality
covers atrocious expectations.

Saturdays, sour, dry and fierce
where much disappointment is cooked;
is it my imagination or the fright
that comes from hearing footsteps and voices?

It brings an aroma of salaciousness and rape;
they throb, betting on the weekend,
and dress the girl's skin as a lady:

they applaud her glory and set their profit;
they give me hospitality, make the bed;
I step into the kitchen and don't get involved.

SÁBADO

Los sábados incróspitos, veloces,
me depositan sobre el día santo
donde la cruda realidad, su manto,
cubre las expectativas atroces.

Sábados agrios, secos y feroces
en que se cuece tanto desencanto;
¿será mi imaginación o el espanto
que produce escuchar pasos y voces?

Brota un aroma salaz y de estupro.
Laten apuestas el fin de semana;
visten la piel de la niña cual dama:

aplauden su gloria y fijan su lucro.
Me dan hospedaje, tienden la cama;
paso a la cocina y no me involucro.

SUNDAY

Gentle resting, dominical and faithful,
where dwells my engrossed entertainment
and the scent brought by your hair,
with no soccer, nor masses, nor bulls, nor gall.

Sunday, sweet like delicious honey
made with so much work;
on those afternoons, I do not know: do I go up or down?
Across the street, the brothel turns its light off.

It survives in my soul that thirsts for you,
the haloed moon of the highways;
it produces endorphins, emanates chimeras

and invokes your essence, liquid and gentle.
You rest naked next to the spring,
you seduce and evoke the millennial fire.

DOMINGO

Descanso suave, dominical y fiel,
en donde mora mi absorto agasajo
y el aroma que tu cabello trajo,
sin fútbol, ni misas, ni toros, ni hiel.

Domingo dulce como la rica miel
que se elabora con tanto trabajo;
en esas tardes, no sé: ¿subo o bajo?
Enfrente se apaga la luz del burdel.

Pervive en mi alma, sedienta de ti,
la luna nimbada de las carreteras;
produce endorfinas, emana quimeras

e invoca a tu esencia, líquida y gentil.
Reposas desnuda junto al manantial,
seduces y evocas el milenario fuego.

WEEKEND

Exquisite corpse of Sunday
in search of a sad analogy.
My soul follows you, it watches you and argues
obstinately to preserve its navel.

I never knew I had a friend
in my skeleton that laughed:
dying of grief, my death followed
in the car, under the bridge, over the river.

Now I wander through the diverse strata
and I keep very alive the moment
when your skin vibrated, that lifting

and the meow of the cats.
Happy at midweek, but ungrateful are those
Sundays of sports and suffering.

FIN DE SEMANA

Exquisito cadáver de domingo
en busca de una triste analogía.
Mi alma te sigue, te vela y porfía
empecinada en conservar su ombligo.

Nunca supe que tenía un amigo
en mi propio esqueleto que reía:
muerta de pena, mi muerte seguía
en el carro, bajo el puente, sobre el río.

Ahora, vago entre distintos estratos
mas conservo muy vivo el momento
en que vibró tu piel, el izamiento

aquel y el maullido de los gatos.
Feliz, entre semana, pero ingratos
los domingos de gol y sufrimiento.

A KISS OVER NOPAL AND ROSES

BESO SOBRE NOPAL Y ROSAS

Raúl Casamadrid

YOU

Tangerine scent and sweet mango
I'm enraptured between your legs in a tango:
necklace of poinsettias your attitudes,
they're red slippers in the mud.

I seek you even though you recite to your lover;
you chase the star of the East
and you are—your blurred figure—
caught between elegant flowers.

Now that I sink into the thickness
of ruby lips and hirsute sex,
I seek, in that silence, the accomplice

fruit, the crazy laugh of your devilries,
the stinging wound in my smile,
your inert body and the Japanese *butoh*.

USTED

Aroma a tangerina y dulce mango
me arrobo entre tus piernas en un tango:
collar de nochebuenas, tus desplantes,
son zapatillas rojas sobre el fango.

Te busco aunque recitas a tu amante;
persigues la estrella de levante
y estás —esfumada tu figura—
prendada entre nardos elegantes.

Ahora que me hundo en la espesura
de labios de rubí y sexo hirsuto
busco, en el silencio aquel fruto

cómplice, la risa loca de tus diabluras,
el escozor hiriente en mis comisuras,
tu cuerpo inerte y el *japan butoh*.

SCARECROW

My mind surrenders like a ductile bow
that stretches, vibrates, loosens, and now is history.
A swan twists my shroud, and its victory
is an indian ax stripped, broken, useless.

The wandering arrow pointed and failed, futile,
and did not succeed in investing itself in glory.
The illusionist magician dried the treadmill
and annihilated the cemetery, formerly nubile.

You knew that you loved me because others told you so
although I always loved you, but the burned
gap razed fields. Its wick

planted me into fresh water next to the vase
full of gannets, dahlias, hindmost candles,
sacred altars, and the ancient scent of the harvest.

MUÑECO DE PAJA

Se vence mi mente como un arco dúctil
que estira, vibra, afloja y es historia.
Tuerce un cisne mi mortaja y su victoria
es hacha india descosida, rota, inútil.

La flecha errante apuntó sin tino, fútil
y no alcanzó a investirse de gloria.
El mago ilusionista secó la noria
y aniquiló al camposanto, antes núbil.

Supiste que me amabas por terceros
aunque siempre te quise, mas la brecha
en llamas arrasó campos. Su mecha

me plantó en agua dulce junto al florero
lleno de alcatraces, dalias, cirios postreros,
sacros altares y el aroma antiguo de la cosecha.

Raúl Casamadrid

SWEET ICE CREAM ON THE SKIN

Cold, like an astronomical laboratory in northern China.
Iced, like the lips of a girl which are covered with mamey ice cream.
Mine, cloud snail, ocean, hawksbill comb.
Distant, as far as dwells the song of *chirimías*.

You are a chalice and offertory of the new sacred Eucharist;
temperate turpentine, petrichor, hard maguey thorn.
Dead—like the blood clotted from a beheaded ox—
my addicted tongue is dried between creaking teeth.

Off the wireless range and without fine connectivity,
you lay in my hard drive and next to the cactus
in the kitchen, in the dead file of your lustful presence.

Do you remember I left you and sadly got into the car?
Today you look at me sideways, while I talk nonsense,
with the moon pinned on your hair like a brooch.

HELADO DULCE EN LA PIEL

Fría, como un laboratorio astronómico al norte de China.
Helada, como los labios de una niña con nieve de mamey.
Mía, caracol de nubes, océano, peineta de carey.
Lejana, hasta donde habita el canto de las chirimías.

Eres cáliz y ofertorio de la nueva sagrada eucaristía;
templada trementina, petricor, recia púa del maguey.
Muerta —como la sangre coagulada de un degollado buey—
queda reseca mi lengua adicta entre los dientes que rechinan.

Fuera del rango inalámbrico y sin conectividad fina,
en mi memoria dura y junto al cacto en la cocina
reposas, en el archivo muerto de tu arrecha compañía.

¿Recuerdas que te abandoné y subí triste al coche?
Hoy me miras de reojo, mientras hablo tonterías,
con la luna prendida a tu cabello como un broche.

MEXICAN CRUSH

In Mexico, anyone carries a scapular;
because we live between strangers pretending
that we are good people, sprinkling drops of salt
and pretending that we can laugh without doing harm to anyone.

In El Chopo died the dinosaurs,
the flea market and the little animals we loved;
the ancestral feasts, the fervent night owls
and the pink illusions have gone, by the Union, to the sewage.

That insomniac rain of summer was bad, very bad.
You lived to dance because you came across that at the end
there was not going to be any chocolate wrapped in tinfoil.

Nor the voice that I now amend:
your naked figure coming out of the bathroom,
our song and no signal.

MEXICAN CRUSH

En México, cualquiera carga un escapulario;
xq vivimos y jugamos entre extraños
a que somos buenos, a que esparcimos gotas de sal
y a que podemos reír sin hacer a nadie daño.

Fallecieron en El Chopo los dinosaurios,
el tianguis y los animalitos que amábamos;
las fiestas ancestrales, los fervientes trasnochados
y las ilusiones rosas se fueron, por la sindicatura, al caño.

Aquella lluvia insomne de verano hizo mal, mucho mal.
Tú vivías para bailar pues comprendiste que al final
no iba a quedar ni un chocolate envuelto en papel de estaño.

Tampoco la voz que ahora restaño:
tu figura desnuda saliendo del baño,
nuestra canción y ninguna señal.

INFATUATION

Vulnerability—an exact measure of resistance—
                    is precise and susceptible:
  The more vulnerable you are, the more strength you express
                —operational and resilient.

Taking a city does not matter to the besieger that harasses it;
                nor to her, allowing herself to be broken.
  Because it does not transgress—to the besieged city—
                being raped when there is no battle.

  To wound is breaking off the fences until the last spasm
    and, assuming oneself this, is to drop anchor.
  Being one—or herself—vulnerable,
          aware of the impact: to be crisis and rupture.

  Whoever stands up transposes to the breaking point and to his will.
  Who, then, violates whom, if that flees its meaning?

    Only the evil night and the witch are prey
              —for boasting of something else—
                    of the girl who rests.

INFATUATION

La vulnerabilidad —medida exacta de resistencia—
        es precisa y susceptible:
entre más vulnerable eres más fuerza expresas
        —operante y resilente—.

Tomar a una ciudad no importa al sitio que la acosa;
        ni, a ella, permitirse ser quebrantada.
Porque no le transgrede —a la ciudad sitiada—
        violarle cuando no hay batalla.

Vulnerar es romper las vallas hasta el último espasmo
    y, asumirse así, es fondear.
Ser uno —o una misma— vulnerable,
        consciente del impacto: ser crisis y ruptura.

Quien se alza transpone al punto de quiebre y a su voluntad.
    Entonces, ¿quién vulnera a quién si escapa a su sentido?

Solo la noche aviesa y la bruja son presas
        —por presumir otra cosa—
            de la niña que reposa.

SEA AND SAND

MAR Y ARENA

PORTRAIT

Your hands evade the throb of fire,
they evoke pristine contrasts: marble.
Every leaf, every fingernail, is a tree
that rocks the summer swing.

There the children dance, play games,
frolic and fall asleep by the lake.
My yearning and the fog are a vague
eagerness for music, balloons and flights.

Those fingers that portray the thicket,
do they cultivate the patience of the goldsmith?
Shall they embrace my voice that burns and boils,

disarmed by your light in the plain,
discovered in an orb of sweetness
and defeated, exhausted by the fever?

RETRATO

Tus manos evaden el latir del fuego,
evocan prístinos contrastes: mármol.
Cada hoja, cada uña, es un árbol
que mece al columpio veraniego.

Ahí danzan los niños, juegan juegos,
retozan y adormecen junto al lago.
Mi anhelo y la niebla son un vago
afán de música, globos y vuelos.

Esos dedos que retratan la espesura
¿cultivan la paciencia del orfebre?
¿Abrazarán mi voz que arde y hierve

desarmada por tu luz en la llanura,
descubierta en un orbe de dulzura
y rendida, exhausta por la fiebre?

Raúl Casamadrid

SANTA CRUZ

I go to conclaves to see if you're real.
Dauntless, I demand your face and I stir up:
your effigy— its image—proves the myth
of the high flight and the lift of the birds...

Moon-butterfly, I guess you know
your aroma is the inscribed treasure
infinity is rushing to.
I wait, and I watch the ships burn...

Now everything is cold as the comet
that delves into a pimping cosmos.
I converse with your sorcerer fingers that weave

hats and native fabrics from another planet.
Your palms bring me back to earth, and to the axis
on which the world turns, to your cruel and heretical navel.

SANTA CRUZ

A ver si eres real acudo a cónclaves.
Denodado, reclamo tu rostro y concito:
tu efigie —su imagen— comprueba el mito
del alto vuelo y el remonte de las aves...

Luna-mariposa, supongo que sabes
que tu aroma es el tesoro inscrito
tras el que anda en pos el infinito.
Aguardo, y veo quemarse las naves...

Ahora, todo es frío como el cometa
que se ahonda en un cosmos proxeneta.
Yo converso con tus dedos brujos que tejen

sombreros y telas indígenas de otro planeta.
Tus palmas me reintegran a la tierra, y el eje
en que el mundo gira, a tu ombligo cruel y hereje.

Raúl Casamadrid

SENTIMENTAL ELEGANCE

I still love you, even if you don't realize it:
esperanto between your symbolic thighs;
a conch thrown to the deep
waves without speakers or witnesses.

Your aromatic purple honey scalded
my absorbed and faithless senses.
For loving you—more than for being loved—
my thirst for love remained paraplegic.

I carry this death sentence alone
in the white season, without noise, cold.
You're like the prayer that crosses the inmate

in the misty scaffold of the darkroom.
You reveal and fix my red lips, pricked,
in the imprint that kisses the rose of your forehead.

SENTIMENTAL ELEGANCE

Sigo amándote aunque no te des cuenta:
esperanto entre tus muslos simbólicos;
caracola arrojada a las profundas
oleadas sin hablantes ni testigos.

Tu aromática miel púrpura escaldó
mis sentidos absortos y ya sin fe.
Por quererte —más que por ser querido—
mi sed de amar quedó parapléjica.

Llevo esta condena de muerte sola
por la estación blanca, sin ruido, fría.
Eres como el rezo que persigna al reo

en el cadalso brumoso del cuarto oscuro.
Revelas y fijas mis labios rojos, espinados,
en la impronta que besa la rosa de tu frente.

ARMOR

Your body wounds my skin; a tattoo remains.
With a burning chisel—which wounds and traces—
it burns, draws, seals and when finally gets through
leaves an indelible mark on my armor.

I look at you: I remember all the thirst of the dry season
and palpate this skin that still feels the ember
where you left signs on its armor
when you made it prey to that assault.

My soul wanders impure and naked; it sticks
to the world in the leaf litter. It crackles
under the blazing sun and when it ignites it transfers

to the smoky layer on which the planet inhabits,
the sinisterly impious where it is enraptured and where
my heart, your blood and this throbbing arrow become incinerated.

CORAZA

Vulnera tu cuerpo a mi piel; queda un tatuaje.
Con un cincel ardiente —que hiere y traza—
quema, dibuja, sella y cuando al fin pasa
deja una marca indeleble en mi blindaje.

Te miro: recuerdo toda la sed de estiaje
y palpo esta piel que aún siente la brasa
donde arrogaste señas sobre su coraza
cuando la hiciste presa de ese ultraje.

Impúdica y nuda vaga mi alma; se adhiere
al mundo en la hojarasca seca. Crepita
bajo el sol ardiente y al prenderse transfiere,

a la humosa capa donde el planeta habita,
el impío siniestro en que se arroba e incineren
mi corazón, tu sangre y esta flecha que palpita.

Raúl Casamadrid

ZIPOLITE

You came invisibly
like a vintage comic;
a super-fleeting heroin
who does not respond to messages.

I loved u without any clothes
because of your livid scent of sea;
I would like to look at you again
wrapped in so fine a suit.

I live this animal death
without knowing about the vegetable menu.
I capsize in an enemy orb.

The beach was left far away, my neoprene suit,
your cable to ground and the exact whistle of the serene.
The breeze swings your hammock, it kisses your navel.

ZIPOLITE

Llegaste invisiblemente
como un cómic *vintage*;
heroína superfugaz
q no responde mensajes.

T amé sin ningún ropaje
x tu lívido aroma a mar;
quisiera volverte a mirar
envuelta en tan fino traje.

Vivo esta muerte animal
sin conocer del menú vegetal;
zozobro en un orbe enemigo.

Quedó lejos la playa, mi traje de neopreno,
tu cable a tierra y el silbido exacto del sereno.
Mece la brisa tu hamaca, besa tu ombligo.

APOCALYPSTICK

relaxation comes out as a tale of the tribe
Carlos Monsiváis

APOCALYPSTICK

el relajo aparece como cuento de la tribu
Carlos Monsiváis

METAL

It tastes like cinnamon blossom;
you hurt me more every day,
because nothing fits in your peace
nor ends the war in theorems.

When the weekend arrives,
the light, that cryptic flame,
ignites the apocalyptic nation
and immolates you upon a bed.

You retrieve, tenderly, the deepness of the myth
and the rude crudity of the free phoneme that explodes
inside you, symbolic and kaleidoscopically.

Then you burn spasmodically
and give kisses while silent;
doucement, now that the world is ending.

METAL

Te sabe a flor de canela;
me hieres cada día más,
xq nada encaja en tu paz
ni expira la guerra en teoremas.

Cuando llega el fin de semana
la luz, esa flama críptica,
enciende a la nación apocalíptica
y te inmola dentro de una cama.

Recobras, tiernamente, del mito lo profundo
y del fonema libre la crudeza ruda que estalla
en ti, simbólica y caleidoscópicamente.

Luego, ardes espasmódicamente
y prodigas besos mientras callas;
doucement, ahora que se acaba el mundo.

AYOTZINAPA

The blank page is a pink carnation
painful as the first flower.
It exhausts its faithful soul, perishable,
in the captive neatness in which it lies.

And it denies being white, red or anything else,
because it feels that its passion sails;
it waits—at the end—the spring,
to die in exchange for a grave.

It is not how much is written or what is reported
nor who can trace the exposed signs:
it will be the light—the skin of the burning day—

that draws in and distills the soul that strives
the fateful afternoon where everything will evaporate...
And then, to wither, to lose life.

AYOTZINAPA

La página en blanco es un clavel rosa
dolorida como la flor primera.
Agota su alma fiel, perecedera,
en el primor cautivo en que se posa.

Y niega ser blanca, roja u otra cosa
porque siente que su pasión navega;
espera —al final— la primavera,
para morir a cambio de una fosa.

No es cuánto se escriba o qué se informe
ni quién trace los signos expuestos:
será la luz —la piel del candente día—

quien arrime y destile al alma que porfía
la aciaga tarde en donde todo se evapore…
Entonces, marchitarse, perder la vida.

Raúl Casamadrid

FREE

In the world debauchery abounds,
the freedom to never do anything;
to live in love with a fairy
and to consume junk food anywhere

where only pillage is respected
and the thrill of perverting oneself—each
early morning—along the muses of dawn
(Joan of Asbaje should be notified.)

A thunderbolt radiates, a beam of pleased light
tears my jailed and confused thoughts.
It shines on clothing, a necklace, your handbag

and in the stockings with garters, the profane.
Then—I realize—it was left unfinished
the escape project of the inmate.

FREE

En el mundo priva el libertinaje,
la libertad de no hacer nunca nada;
vivir prendado del amor de una hada
y consumir chatarra en un paraje

donde solo se respeta el pillaje
y la emoción de pervertirse —cada
madrugada— junto a musas de alborada
(habría que avisarle a Juana de Asbaje).

Truena un rayo, un haz de luz ufano
rasga mi pensamiento preso y confuso.
Brilla el ropaje, un collar, tu bolso de mano

y en las medias con ligas, lo profano.
Entonces —reparo— quedó inconcluso
el prospecto de fuga del recluso.

RACK

She carries a suitcase of Jack-o-lantern
with the sewed mouth: a pumpkin.
Purple, black and orange fingernails. She traces
dreams that induce a flashback.

She studies philosophy: the whole package.
She knows about love, death, Ocaranza;
she secludes a hoop in her belly and dances
The Thousand and One Nights (flash forward.)

Her gothic being becomes a nefarious
object, a route of black tennis,
bracelets, jeans and selected t-shirts.

It rises again, with the thirst for serum,
the bluish being, a perfect monster.
The ogress nests and the winter falls.

RACK

Ella carga una maleta de Jack
con la boca cosida: calabaza.
Uñas violeta, negro y naranja. Traza
sueños que inducen a un *flashback*.

Estudia filosofía: *total pack*.
Sabe de amor, de muerte, de Ocaranza;
recluye un aro en su panza y danza
las *Mil y una noches* (*flash forward*).

Su gótico ser convierte en objeto
nefario una ruta de *tennis* negros,
pulseras, *jeans* y *t-shirts* selectos.

Surge de nuevo, con la sed de suero,
el ser azulado un monstruo perfecto.
Anida la ogresa y cae el invierno.

IMMORAL WALK

How lucky was it to express that I transfer
intrepid lights to pirate ships,
if I get entangled between double words
in the fire of your ice cubes?

It was not human that shouted first
but an animal: the cry was before the soul.
Then you left: I guarded your skirts,
I arrived at the hospital and they applied serum to me.

Your ocean is a sea in a neoprene suit
where the lights that the blind man hallucinates sink
along to diving masks with toads drowned in their egos.

What I was was extinguished in the Pleistocene
and today I sail without arms; there is no mail anymore.
I look at the clock, I see the sun and I set fire to myself.

PASEO INMORAL

¿Qué suerte tuvo expresar que transfiero
intrépidas luces a buques piratas
si me enredo entre dobles palabras
en tu lumbre de cubos de hielo?

No era humano quien gritó primero
sino animal: antes fue grito que alma.
Luego, partiste: custodié tus faldas,
llegué al hospital y me aplicaron suero.

Tu océano es mar en traje de neopreno
donde naufragan las luces que alucina el ciego
y escafandras con sapos ahogados en su ego.

Lo que fui se extinguió en el pleistoceno
y hoy navego sin brazos; ya no hay correo.
Miro el reloj, veo al sol y me prendo fuego.

DEEP WAVES AND FAREWELL

HONDAS OLAS Y ADIÓS

THE SINGING OF THE SIRENS

I wanted to catch fire again; maybe.
To reflect horizons later, and then you see.
I wanted to know if you were seeing, really,
when you confronted me later.

You ride and float while taking possession
of the universe. I learn you rehearse
your body as a task-project
and I embrace your flowers. Smiling,

you steal my abject thoughts,
you put me between your salty legs,
you drink my skin and I bite your wings.

I creep in the night, salacious and erect,
while you destroy the architect's blueprints
—the leaves sway, the bullets whistle.

EL CANTO DE LAS SIRENAS

Deseaba incendiarme de nuevo; tal vez.
Reflejar horizontes luego, y ya ves.
Quise saber si mirabas, de veras,
cuando me confrontaste después.

Cabalgas y flotas mientras te adueñas
del universo. Yo aprendo que ensayas
tu cuerpo como tarea-proyecto
y me abrazo a tus flores. Risueña,

robas mis pensamientos abyectos,
me instalas entre tus piernas saladas,
bebes mi piel y muerdo tus alas.

Repto en la noche, salaz y erecto,
mientras destruyes los planos del arquitecto
—se mecen las hojas, silban las balas—.

ARCANE 19

Incendiary midnight flower,
rose of light and pit of dawn.
Your lovely voice is a bullet
that goes through, sparkling my car.

Your mane shines next to the brooch
that embellishes that fairy hair;
its black amber perfume scents, penetrates.
A star shines among the *huizaches*.

It's dawn; the red moon of the day appears.
You compete, inhospitable, with new flowers;
you stick to the ray, you shake me, you thunder.

Then, it emerges the clear melody
of the innocent bird that dreams of
climbing to the sky by the sliding pond.

ARCANO 19

Incensiva flor de medianoche,
rosa de luz y fosa de madrugadas.
Adorable, tu voz es una bala
que atraviesa destellando a mi coche.

Tu melena luce junto al broche
que adorna esa cabellera de hada;
su perfume azabache aroma, cala.
Brilla un lucero entre los huizaches.

Amanece; aparece la luna roja del día.
Rivalizas, inhóspita, con flores nuevas;
te adosas al rayo, me estremeces, truenas.

Entonces, surge la clara melodía
del ave candorosa que ensueña
trepar el cielo por la resbaladilla.

TAROT

Everything fell down when Justice arrived:
the poor and the uniform cartels were silent.
The High Priest, the Emperor and his nurse
stranded firmly among the rocks, bouncing.

Also, the crazy stars lost their
judgment during luminous nights like days.
And by force of model car races, they lavished
secrets of the new models.

Today the Hermit seeks at the foot of the mountain
the dark flower of the poppy.
I think that when the year is over

and the photos appear, your letters, the spider web,
its witchcraft, the lead and the Mexican shrapnel,
you will understand—perhaps—how much I miss you.

TAROT

Todo cayó cuando se presentó la Justicia:
callaron los pobres y los cárteles uniformes.
El Sumo Sacerdote, el Emperador y su nodriza
encallaron recio, entre las rocas, de rebote.

También los luceros locos perdieron
el juicio durante noches luminosas cual días.
Y a fuerza de arrancones prodigaron,
en carros último modelo, alcahueterías.

Hoy busca al pie de la montaña
la flor oscura de la adormidera, el Ermitaño.
Se me hace que cuando termine el año

y aparezcan las fotos, tus cartas, la telaraña,
su brujería, el plomo y la metralla mexicana
entenderás —quizá— cuánto te extraño.

Raúl Casamadrid

FRIENDLY FIRE

In my mind you occupy a small point
where you are not, where you do not speak to me;
and because I want you, you own me and start
the game of chess, the eminent game...

I wanted but I didn't know how to recognize
the web of love you've already woven:
new stelae, choirs, symphonies
and the virtue of giving you whole in a being...

Then your wounded body, in silence,
absorbed and deprived of the most elemental,
was prey to the anchor, the residual echo.

You and the moon are symbols that sprout;
you live loving me for my failures:
you take my hand and I die in a shooting.

FRIENDLY FIRE

Ocupas en mi mente un punto nimio
en donde no estás, en donde no me hablas;
y por desearte me posees y entablas
la partida de ajedrez, el juego eximio...

Si quise, no supe reconocer
la red amorosa que ya tejías:
estelas nuevas, coros, sinfonías
y la virtud de darte entera en un ser...

Luego, tu cuerpo herido en silencio,
absorto y privado de lo más elemental,
fue presa del ancla, del eco residual.

Tú y la luna son símbolos que brotan;
vives amándome por mis fracasos:
tomas mi mano y muero a balazos.

I CHING

The unexpected innocence and the taming power of greatness

nourished the corners of your mouth: you drink from the abysmal
preponderance
of the adherent water (which is like fire) and from the influence and
courtship
that mark, in their path, the very duration of your withdrawal.

Power is also progress, but it dims before light; the family is
a clan in opposition: antagonistic, with impediments that
diminish when they increase and overflow the inheritance
they find.
Our meeting is its gathering, its reconciliation.

The upward thrust—the ascent—always faces the uneasiness
and the exhaustion of the oppression of the silent revolution
that falls into a well, where it is churned like in a cauldron.

Provocative, the commotion of thunder calms the clouds in the
mountains;
little by little, evolution progresses: the betrothed girl gets
married
and her fullness is that of the restless wanderer that penetrates her,
softly, like the wind.

I CHING

La inocencia inesperada y la fuerza domesticadora de lo grande

nutrieron las comisuras de tu boca: bebes de la preponderancia
abismal

del agua adherente (que es como el fuego) y del influjo y el
cortejo

que marcan, en su camino, la propia duración de tu retirada.

El poder también es progreso pero se oscurece ante la luz;
la familia es un clan en oposición: antagónica, con impedimentos
que merman cuando aumentan y desbordan la herencia que
hallan.
Nuestra reunión es su recolección, su reconciliación.

Ya el empuje hacia arriba —la subida— enfrenta a la desazón,
y el agotamiento de la opresión a la revolución muda
que cae dentro de un pozo, donde se bate igual que en un caldero.

Suscitativa, la conmoción del trueno aquieta a las nubes en la
montaña;

poco a poco, la evolución progresa: se casa la muchacha
desposada

y su plenitud es la del andariego errante que la penetra, suave,
como el viento.

THE TALLEST TOWER

LA MÁS ALTA TORRE

ACOPILCO

I am afraid to die and still keep living;
I am suspended by the metaphor of your red coat.
I lost the voice that remains, lost my friends
and your vertical back; but I won oblivion.

The Mexican pink color cannot exist
without the beauty of your belly button
or without the leaden light, arcana,
the red desert or the faded circus.

I'm stunned by: that flash, your pain,
the G.M. Show, the bus terminal, the carousel
and the warm winter hybrid nights...

I remain without making the slightest noise,
without rhythm, without tempo and without candles or cake.
Your footprint's been left on the shore, its honey and two stars...

ACOPILCO

Tengo miedo de morir y de seguir vivo;
me suspende la metáfora de tu rojo abrigo.
Perdí la voz que permanece, a mis amigos
y tu vertical espalda; pero gané el olvido.

No existe el color rosa mexicano
sin la belleza de tu ombligo
ni la luz plúmbea, un arcano,
el desierto rojo o el circo fenecido.

Me aturden: ese flash, tu dolor,
el *G.M. show*, la terminal, el carrusel
y las tibias noches híbridas de inverno...

Permanezco sin hacer el más mínimo ruido,
sin ritmo, sin *tempo* y sin velas ni pastel.
Queda a la orilla tu huella, su miel y dos estrellas...

POSTCARD

I am encouraged to send this comment by the blue of your
                                                     bluish light;
that light of low contrast that raises you over the rainbow
                                                 through the air.
I follow you—from the pergola to the kiosk—*soft-ly* on a
                                                     balloon
(although it's difficult to separate from oneself when one is alone.)

The horses dance the tango in front of the accuracy of the fairy;
they checkmate in the capital of La Plata. Buenos Aires
connects a board with how much it ends late in the night
(they say that if you dance well, then you fall in love immediately.)

Going out for a walk, the aurora was lost
among showcases of aromatic compasses.
Now the sun shines, though it is hidden by

a usurer cloud that charges fines.
Meanwhile you laugh, you cut my veins,
kidnapping my soul and burying it.

POSTAL

Me anima a enviar este comentario lo azul de tu luz
azulada;
esa luz de bajo contraste que te eleva sobre el arcoiris por
los aires.
Te sigo —de la pérgola hasta el kiosko— *su-ave-mente* en
un globo
(aunque es difícil separarse de sí cuando está uno solo).

Los caballos bailan tango frente a la exactitud del hada;
se dan jaque mate en la capital de La Plata. Buenos Aires
conecta un tablero con cuánto termina a deshoras
(dicen que, si bailas bien, luego luego te enamoras).

Por salir a pasear se extravió la aurora
entre escaparates de aromáticas brújulas.
Ahora brilla el sol aunque lo oculta

una nube usurera que cobra multas.
Mientras, tú ríes, cortas mis venas,
secuestras a mi alma y la sepultas.

CANE PASTE

You are still a dream in the kitchen
with that sweet face full of white flour;
between your hands, the singing dough
and the groom, waiting, in a corner.

You emerge between the flames of a den without light;
blue jeans, blueberry lipstick and blue music.
You are like a Christ made of cane paste;
a handcraft that the market offers in the morning.

The cold dawn that is born in Morelia
without sparks or lights, without flowers or fairs,
conveys a message of moons and dahlias.

The glances descend to your sandals,
there they spend the night before your ethereal shoes.
The Internet and the perfume of your stockings blink.

PASTA DE CAÑA

Sigues siendo un sueño en la cocina
con la carita llena de blanca harina;
entre tus manos, la masa cantarina
y el novio, que espera, en una esquina.

Surges entre las llamaradas de un antro sin luz;
blue-jeans, arándano labial y música azul.
Eres como un Cristo hecho de pasta de caña;
artesanía que oferta el tianguis por la mañana.

El frío amanecer que nace en Morelia
sin chispas ni luces, sin flores o ferias,
trae un mensaje de lunas y dalias.

Las miradas descienden hasta tus sandalias,
ahí pernoctan ante tus zapatillas etéreas.
Parpadea la Internet y el perfume de tus medias.

Raúl Casamadrid

A SHORT WAY OFF

You and I are, in reverse, the song where falls asleep
the frost of the sun and the annular dew of the mist.
Two drops of glass orbiting the profane and secular land,
not far from the blue sphere of the universe, and vice versa.

We are lava in the river, cold stone
and solid magma in the seething heart
which seethes and boils in the infinite illusion
of the hurricane that runs down the chasm.

Your navel is the lake that squeezes my cordial nodule;
its stream turns around with soft waves and removes my rheum.
The bare pond that bathes you wraps my spiraling retina.

Then the stone suffers more than ever and the ivy is fermented
                                                                            in my soul.
In a blast you hide completely and fly from the proscenium to
                                                                            the portal.
The sun rises and dawns. Silence—there's no band, no orchestra.

Everything is a recording.

A SHORT WAY OFF

Tú y yo somos, en reversa, el canto donde se adormece
la escarcha del sol y el rocío anular de la neblina;
gotas de cristal que orbitan sobre la tierra profana y seglar,
no lejos de la esfera azul del universo y viceversa.

Somos lava en el río, piedra fría
y magma sólido en el corazón
que ebulle y hierve en la infinita ilusión
del huracán que escurre por la sima.

Tu ombligo es el lago que estruja a mi nódulo cordial;
su arroyo gira con suaves ondas y retira mis lagañas.
La poza desnuda que te baña envuelve mi retina espiral.

Luego, sufre más que nunca la piedra y se fermenta en mi
                                                              alma la hiedra.
Una ráfaga te cubre totalmente; vuelas del proscenio hasta el
                                                                    portal.
Emerge el sol y amanece. Silencio; no hay banda, no hay orquesta.

Todo es una grabación.

EPILOGUE

EPÍLOGO

POSTMODERN VALLADOLID

An exquisite city that changed its name
by act and effect of the love of a *Vallisoletano*
man, dedicated and serious,
like the gushing pain of the presbytery.

Creator of the hard pink-quarry-sphere
your skin envelops hurricanes and bonfires.
The cordial nerve that expired in Matamoros
—around home— was the death of them all.

Today the lady you loved along with other chieftains
is called Morelia, but you left...
The lead bullets rummaged through your body

and they rejoiced because you were dead...
Your house in the corner of children's round dances
awaits, in the evenings, winds of frond.

VALLADOLID POSMODERNA

Ciudad exquisita que cambió su nombre
por acto y efecto del amor de un hombre
vallisoletano, dedicado y serio,
como el dolor que mana del presbiterio.

Creador de la dura esfera-rosa-cantera
tu piel envuelve huracanes y hogueras.
El nervio cordial que expiró en Matamoros
—a la vuelta de casa— fue la muerte de todos.

Hoy se llama Morelia la dama que amaste
junto a otros caudillos, pero dejaste...
Las balas de plomo hurgaron tu cuerpo

y se alegraron porque habías muerto...
Tu casa en la esquina de infantiles rondas
aguarda, en las tardes, por vientos de fronda.

MORELIA

Time has gone crazy,
inert afternoon-night clock
and the Internet, unlucky,
turns its red bulb on.

It comes out—little by little—
the desire to possess you,
and baroque kisses emerge
among the ruins of the fortress.

However, the restlessness that irritates
your chemistry lessons
is hurting me, it ties me

to your infinite legs;
clock hands that tell
about their orbiting tick-tock.

MORELIA

El tiempo se ha vuelto loco,
reloj tarde-noche inerte
y la Internet, sin suerte,
prende su foco rojo.

Aparece —poco-a-poco—
la querencia de poseerte
y surgen besos barrocos
entre las ruinas del fuerte.

Mas la inquietud que sulfatan
tus lecciones de química
me hiere, pero me ata

a tus piernas infinitas;
manecillas que relatan
de su *tic-tac* que orbita.

Raúl Casamadrid

Raúl Casamadrid is a writer, editor, teacher and journalist. He has published essays, novels, poetry, short stories and scripts. He is a graduate in Language and Hispanic Literatures from the National Autonomous University of Mexico and UMSNH and he has earned a Master in Studies of Literary Discourse at the Michoacán University of San Nicolás Hidalgo.

As an essayist, narrator and poet, he has won several literary awards. He participates actively in diplomas, seminars, meetings, colloquia and congresses on literature, film theory and Mexican cinema, which are his lines of research.

He is founder of *Letra Franca* magazine where he is part of the Editorial Board and collaborates permanently in *Arts and History México*. He belongs to the Editorial Boards of *Revista de Literaturas Populares* edited by the Faculty of Philosophy and Letters of UNAM and *Montajes*, magazine of cinematographic analysis.

He has been head of Literature in the government of the state of Michoacán and as Director of Culture, with the support of the National Institute of Anthropology and History, he was in charge of the rehabilitation of the former House of Culture of Uruapan, which was built around 1534.

He has been juror in several literary contests and his work has been published in magazines and cultural supplements, such as *Nexos, Sábado, Revista de la Universidad, Revista de Bellas Artes, Replicante, Gaceta Universitaria* and *Cuadernos de Iconografía Musical*. Among his publications are *Juegos de salón* (Premiá Editora); *Octavio Paz: la interminable rebelión del ser* (SECUM, Premio de Ensayo *María Zambrano*); *El ser insuficiente del mexicano* (UMSNH), the anthology *Jaula de palabras* (Grijalbo) and *Litorales* (UNAM). He participates in the Inter-institutional Doctorate of Art and Culture and resides in the city of Morelia, Michoacán, México.

Raúl Casamadrid

Raúl Casamadrid es escritor, editor, profesor y periodista. Ha publicado ensayo, novela, poesía, cuento y guión. Es licenciado en Lengua y Literaturas Hispánicas por la Universidad Nacional Autónoma de México y la UMSNH y es maestro en Estudios del Discurso por la Universidad Michoacana de San Nicolás Hidalgo.

Como ensayista, narrador y poeta, ha obtenido diversos premios literarios. Participa activamente en diplomados, seminarios, encuentros, coloquios y congresos sobre literatura, teoría cinematográfica y cine mexicano, que son sus líneas de investigación.

Es fundador de la revista *Letra Franca* en donde forma parte de su Consejo Editorial y colabora permanentemente en *Artes e Historia México*. Pertenece al Comité de Redacción de la *Revista de Literaturas Populares* que edita la Facultad de Filosofía y Letras de la UNAM, así como al de *Montajes*, revista de análisis cinematográfico.

Ha sido jefe de Literatura en el gobierno del estado de Michoacán y como Director de Cultura, con el apoyo del Instituto Nacional de Antropología e Historia, tuvo a su cargo la rehabilitación de la antigua Casa de Cultura de Uruapan, cuya construcción data de 1534.

Ha sido jurado dictaminador en diversos concursos literarios y ha publicado en revistas y suplementos culturales, como son *Nexos, Sábado, Revista de la Universidad, Revista de Bellas Artes, Replicante, Gaceta Universitaria* y *Cuadernos de Iconografía Musical*. Entre sus publicaciones destacan *Juegos de salón* (Premiá Editora); *Octavio Paz: la interminable rebelión del ser* (SECUM, Premio de Ensayo *María Zambrano*); *El ser insuficiente del mexicano* (UMSNH), la antología *Jaula de palabras* (Grijalbo) y *Litorales* (UNAM). Participa en el Doctorado Interinstitucional de Arte y Cultura y radica en la ciudad de Morelia, Michoacán, México.

www.ingramcontent.com/pod-product-compliance
Lightning Source LLC
Chambersburg PA
CBHW032135040426
42449CB00005B/259